DEL **HUEVO** A LA MARIPOSA

por Shannon Zemlicka

ediciones Lerner / Minneapolis

Traducción al español: copyright © 2007 por
ediciones Lerner
Título original: *From Egg to Butterfly*
Texto: copyright © 2003 por Lerner Publications
Company

La edición en español fue realizada por un equipo de
traductores nativos de español de translations.com,
empresa mundial dedicada a la traducción.

ediciones Lerner
Una división de Lerner Publishing Group
241 First Avenue North
Minneapolis, MN 55401 EUA

Dirección de Internet: www.lernerbooks.com

Library of Congress Cataloging-in-Publication Data

Knudsen, Shannon, 1971–
   [From egg to butterfly. Spanish]
   Del huevo a la mariposa / por Shannon Zemlicka.
      p. cm. — (De principio a fin)
   ISBN-13: 978–0–8225–6494–2 (lib. bdg. : alk. paper)
   ISBN-10: 0–8225–6494–7 (lib. bdg. : alk. paper)
   1. Butterflies—Life cycles—Juvenile literature. I. Title.
II. Series.
   QL544.2.Z4518 2007
   595.78'9—dc22   2006007979

Fabricado en los Estados Unidos de América
1 2 3 4 5 6 – DP – 12 11 10 09 08 07

Las fotografías que aparecen en este libro son
cortesía de: © Gregg Otto/Visuals Unlimited,
portada; © Gustav W. Verderber/Visuals Unlimited,
págs. 1 (superior), 5; © Gerard Fuehrer/Visuals
Unlimited, pág. 1 (inferior); © Gary W. Carter/Visuals
Unlimited, pág. 3; © Ron Austing, págs. 7, 9; © D.
Cavagnaro/Visuals Unlimited, pág. 11; © Dick
Poe/Visuals Unlimited, págs. 13, 15; © R.
Lindholm/Visuals Unlimited, pág. 17; © Kathleen
Blanchard/Visuals Unlimited, pág. 19; © Visuals
Unlimited, pág. 21; © James L. Amos/Corbis, pág. 23.

Contenido

¡Mira! ¡Una mariposa!

¿Cómo crece una mariposa?

La madre pone huevos.

Una mariposa comienza como un huevo. La madre pone sus huevos en una planta. Esta fotografía muestra los huevos muy de cerca. En realidad, cada huevo es más pequeño que la uña del dedo meñique de tu pie.

Nace la oruga.

Los huevos crecen durante varios meses. Después las orugas salen del huevo. De cada huevo sale una oruga. Parece un gusano gordo con patas.

La oruga come.

La oruga tiene hambre. Primero se come la cáscara de su huevo, y después se alimenta de hojas verdes.

9

La oruga crece.

Al comer, la oruga crece. Es cada vez más grande. Pero como su piel no crece, le empieza a quedar muy apretada. Es como un abrigo demasiado pequeño.

11

La oruga cambia de piel.

La piel de la oruga se abre. Por debajo crece una piel nueva que le queda muy bien. La oruga abandona la piel vieja. Esto se llama **mudar de piel.**

Se forma el **capullo**.

La oruga crece y muda de piel una y otra vez. Después se cuelga de una rama y vuelve a mudar de piel. Esta vez, se forma un capullo duro a su alrededor. La oruga se convierte en **pupa**.

El cuerpo cambia.

La pupa permanece dentro del
capullo. Crece y cambia. Se
forman las alas. ¿Qué está
pasando?

17

El capullo se abre.

La pupa se ha convertido en una mariposa. Su cuerpo rompe el capullo. Cuando sale, la mariposa es blanda y está mojada.

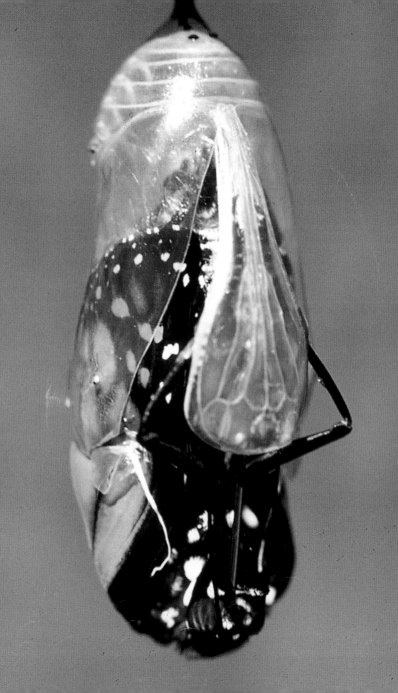

19

Se abren las alas.

La mariposa descansa.
Lentamente, abre las alas para
que el sol y el aire las sequen.

21

¡Vuela, vuela!

La mariposa está lista para volar.
¡Pasó de huevo a mariposa!

23

Glosario

capullo: envoltura que forma la oruga para transformarse en pupa

mudar de piel: cambiar de piel

oruga: la forma de la mariposa durante la primera etapa de su vida

pupa: la forma de la mariposa después de ser oruga

Índice

24